Lilli Höch-Corona

König Edelbert und die Gefühlsmonster

Kleine bunte Wesen,
die keiner je gesehen hat

© 2023 Lilli Höch-Corona

Gefühlsmonster GmbH

Bornholmer Straße 19

10439 Berlin

Lektorat: Erik Kinting – www.buchlektorat.net

Illustrationen: Christian Corona

Umschlag & Satz: Sabine Abels

Druck und Distribution im Auftrag des Autors:

tredition GmbH, Heinz-Beusen-Stieg 5, 22926 Ahrensburg, Germany

Softcover   978-3-347-94742-9

Hardcover   978-3-347-94743-6

E-Book   978-3-347-94744-3

 # Vorwort

Kennen Sie das? Eine Freundin/ein Freund beklagt sich bei Ihnen über eine furchtbare andere Person – und irgendwie entsteht beim Zuhören in Ihnen der Eindruck, die Freundin/der Freund hätte an diesem Problem auch einen eigenen Anteil ...

Dieses Märchen entstand in seiner ersten Fassung bereits vor acht Jahren. Ich hatte das Thema *Sich seiner Wirkung auf andere nicht bewusst sein* immer wieder an Anderen oder mir selbst beobachtet und wollte gerne in einer metaphorischen Art zum Umdenken anregen.

Hier ein paar Episoden aus meiner Arbeit, die zeigen, wo mir dieses Thema in meiner Laufbahn über den Weg gelaufen ist: Bei meiner Arbeit in der Schule fiel mir auf, dass es Schüler*innen gab, die bei einigen Lehrer*innen »störten« und bei anderen nicht, unabhängig davon, ob das Fach für sie interessant war oder nicht. Später, als Trainerin für Teamentwicklung und Konfliktmanagement, wurde ich von Lehrer*innen gebeten, ihre Schüler*innen zu einem besseren Umgang miteinander zu bewegen. Fast immer konnte ich feststellen, dass die Art der Ansprache durch die Lehrpersonen eine wichtige Rolle spielte. Als Mediatorin erlebte ich Eltern, die sich von ihren Kindern unverstanden fühlten und ihren eigenen Anteil daran nicht sehen konnten. Oder Führungskräfte, die mich um eine

Vorwort

Mediation mit ihren Mitarbeitenden baten und aus allen Wolken fielen, wenn ich mit ihnen selbst ins Gespräch gehen wollte.

Ich begann, bei meinen Vorgesprächen zu Teamentwicklungen in Firmen die Führungskraft zu Beginn danach zu fragen, ob sie auch zu einem Coaching bereit wäre. Das wurde oft abgelehnt. Wenn dann deutlich wurde, dass es Unklarheiten in der Kommunikation der Führungskraft oder in den Teamrollen gab oder eine unbewusste Abneigung gegenüber einzelnen Mitarbeiter*innen bestand, hatte ich nichts in der Hand, nicht den Auftrag, auch mit der Führungskraft zu arbeiten.

Irgendwann ging ich dann dazu über, das Beraten der Führungskraft gleichzeitig mit der Teamentwicklung zu verhandeln – was zu wesentlich tragfähigeren Ergebnissen dieser Arbeit führte. Die Voraussetzung war natürlich eine Haltung des Nicht-Wertens, Respekt gegenüber der Führungskraft und den Gründen für ihr Verhalten. Wenn dann ein Seite-an-Seite-Wirken entstand, konnten wir zusammen immer Lösungen für alle Beteiligten finden. Manchmal auch, dass eine Führungskraft sich beruflich veränderte oder Mitarbeitende das Team im Einvernehmen verließen.

Mit der Zeit fand ich es immer bedauernswerter, wenn Menschen durch ihre Vorbehalte gegenüber Beratung in eine Sackgasse gerieten. Schüler*innen beobachten die Lehrkräfte sehr genau und haben einen sehr feinen Sinn für Gerechtigkeit, Vorlieben und Abneigungen. Ebenso ist das bei Mitarbeitenden, die

uns manchmal besser kennen als wir selbst. Wie können wir diese wertvollen Impulse annehmen?

Wir alle sind uns manchmal unserer Wirkung auf andere nicht bewusst. Wer Kinder hat, kann ein Lied davon singen, was für kostbare und manchmal herausfordernde »Lehrmeister« unsere Kinder für uns sind ...

Als Mediatorin ist Sprache für mich ein wichtiges Vehikel. Meine Arbeit ist oft ein Übersetzen der im Ärger gesprochenen Worte der Medianden. Die Worte zu finden, die einen Sachverhalt einschließlich der ausgelösten Gefühle ausdrücken, ohne eine der Streitparteien zu bewerten, macht aus gutem Grund den Hauptanteil des Trainings von Mediator*innen aus. Das erfordert immer eine Haltung des Wohlwollens, um mit diesen Formulierungen ein freundliches Angebot zu machen, damit jemand etwas verstehen kann, was sie/er vorher nicht verstanden hat. Und: ein Angebot kann immer angenommen oder abgelehnt werden.

Persönliche Veränderungen sind nur auf freiwilliger Basis möglich, in einer Atmosphäre des Respekts, und wenn die Person sehen und spüren kann, dass die Veränderung für sie/ihn eine Verbesserung in Richtung ihrer eigenen Werte ist. Das erfordert viel Fingerspitzengefühl und die Einsicht, dass es vielleicht auch andere Wege gibt als die, die ich als Beraterin sehe, oder dass der geeignete Zeitpunkt für die beratene Person ein anderer ist als der aktuelle.

Ich habe immer gerne schöne Geschichten gelesen, die mich zum Nachdenken brachten und mir Bilder gaben, mit denen ich

Vorwort

mich identifizieren konnte. Zum Beispiel Clarissa Pinkola Estes[1] Bild von der Seehundfrau, die sich in einen Menschen verliebt und ihr Fell dafür ablegen muss. Ich finde das ein schönes Bild dafür, wie wir uns in Beziehungen anpassen. Und dann manchmal neue Wege finden müssen, wie wir »unser Seehundsfell« leben können.

Ed Watzke[2] hat uns mit seinen Geschichten ermutigt, diese in Mediationen zu erzählen, um Menschen aus eingefahrenen Bahnen zu *locken*. Es gibt da die Geschichte von dem Leuchtturm, der von einem Schiff im Nebel angefunkt wird, er solle aus dem Weg gehen, samt beeindruckenden Dienstgraden des anfragenden Kapitäns. Diese Geschichte hat mich und einige meiner Mediationskund*innen zum Schmunzeln über solch beharrliches Auf-dem-Holzweg-Sein gebracht und manches Umdenken bewirkt.

Oder Jorge Bucay[3], der die Therapie für einen jungen Mann ganz mit Erzählungen und den Gesprächen darüber gestaltet hat.

Hanna Millings[4] *Storytelling* ist ein Schatz an Geschichten für Konfliktmanagement und Beratung, sorgfältig nach Themen und Wirkung kategorisiert, der mir in meiner Arbeit schon oft gute Dienste geleistet hat.

....

1 Calrissa Pinkola Estes »Die Wolfsfrau« Seite 278ff
2 Ed Watzke: »Wahrscheinlich hat diese Geschichte gar nichts mit Ihnen zu tun«
3 Jorge Bucay: »Komm, ich erzähl dir eine Geschichte«
4 Hanna Milling: »Storytelling: Konflikte lösen mit Herz und Verstand«

Vorwort

So reifte in mir der Wunsch, selbst ein Märchen zu schreiben. Auf metaphorische Weise auf das Dilemma zwischen Selbst- und Fremdwahrnehmung aufmerksam zu machen und den Gewinn einer Beschäftigung mit den eigenen Gefühlen auf humorvolle Weise zu erzählen. Auch oder gerade wenn sich diese Beschäftigung zu Beginn sehr schwer oder gar unmöglich anfühlt. Die eigenen Gefühle – und zwar alle! – kennenzulernen, ist die Grundlage für Selbstakzeptanz, für Liebe und ein gutes Auskommen mit anderen.

Im Idealfall wird ein Kind bei der Geburt willkommen geheißen und trifft auf Erwachsene, die es lieben und dabei begleiten, sich mit seinen eigenen Wünschen und Potenzialen zu entwickeln, sodass es weiß, was es zu seinem Wohlergehen braucht und womit es sich in die Gemeinschaft einbringen kann.

Dieser Prozess ist so leicht störbar, dass nicht nur Kinder, die im Krieg oder nach dem Krieg geboren werden, diese sichere Grundlage in sich selbst nicht haben. Weitere Gründe dafür anzuführen, würde den Rahmen dieses Buchs sprengen. Gefühle treten dann manchmal als »Überfall« unerwartet auf und sind so schwer händelbar, dass wir oft die Lösung wählen, sie nicht zu empfinden[5]. Unser Umfeld nimmt sie aber wahr – und daraus können sich schwer zu bearbeitende Konflikte ergeben.

Mich hat die Aufgabe gereizt, ein nicht so hilfreiches Verhalten liebevoll verständlich zu machen, sodass es durch die metaphorische Betrachtung annehmbar ist. Das wünsche ich meiner Geschichte!

....

5 Mehr dazu in meinem Buch »Manchmal sind Gefühle Monster«

Vorwort

Ich habe festgestellt, dass mir in meiner Arbeit mehr Männer als Frauen begegnet sind, die Züge wie König Edelbert zeigten. Deshalb ist der Held dieser Geschichte ein König.

Ich hoffe, dass das Augenzwinkern und der liebevolle Blick auf die Verhaltensweisen, die wir manchmal im Verlauf unserer Persönlichkeitsentwicklung zeigen, trotz allem durchscheinen.

Ob als Führungskräfte, auf die der König anspielt, als Eltern oder einfach als der Mensch, der wir sind und als der wir uns bemühen, das Leben zu meistern.

Natürlich könnte es ebenso gut eine Königin sein, die eine andere Königin besucht, und ihr Mann wäre dann derjenige, der ihr dabei hilft, diese *kleinen, bunten Wesen, die keiner je gesehen hat* besser kennenzulernen …

Es war einmal ein König …

Es war einmal ein König mit Namen Edelbert, der hatte lauter dumme Untertanen. Unglaublich, was sie alles anstellten! Wenn der König gerade in großzügiger Stimmung war, fassten sie das falsch auf und waren misstrauisch. Wenn der König ärgerlich war, sahen sie überhaupt nicht ein, was sie falsch gemacht hatten und rotteten sich stattdessen zusammen, um hinter seinem Rücken schlecht über ihn zu reden.

Wie oft hatte sich Edelbert schon aufgerafft und eine große Volksversammlung einberufen, um seinen Untertanen zu erklären, wie sie sich zu benehmen hatten, damit alle glücklich und zufrieden in seinem Reich leben konnten. So gut meinte er es mit ihnen! Und was taten sie? Hatten Bohnen in den Ohren, verstanden alles falsch und sahen einfach nicht ein, was er ihnen zu erklären versuchte.

Und dann war ihm auch schon die dritte Königin davongelaufen, versteh einer diese Weibsbilder. Obwohl er so ein gütiger König war und nichts lieber tat, als seine schöne Königin zu verwöhnen, hatte sie ihm vorgeworfen, dass er sich nicht in ihre königlichen Gefühle hineinversetzen könne, und das war dann doch gar zu arg.

Der König war so verzweifelt, dass er beschloss, für eine Weile auf Wanderschaft zu gehen. Er hatte davon gehört, dass es in einem fernen Königreich lauter kluge Untertanen gab, und er wollte dort

hingehen, um von diesem König zu lernen, wie seine Untertanen ebenso klug werden würden. Damit er, wie er es sich immer gewünscht hatte, entspannt und von allen geliebt alt werden konnte.

Nach einem langen, beschwerlichen Ritt kam er im Reich von König Friedemann an, wurde herzlich empfangen, bewirtet und schlief tief und fest in einem wunderbar weichen Bett. Was hatte dieser König nur getan, dass seine Dienstboten alle so gut arbeiteten? Sie waren freundlich und zuvorkommend, ja, es schien sogar, dass sie ihre Arbeit gern taten! König Edelbert war höchst gespannt darauf zu erfahren, mit welchen Strategien König Friedemann das erreicht hatte.

Am nächsten Morgen durfte er als Gast der täglichen Audienz des Königs beiwohnen.

Unglaublich, wie höflich die Menschen hier waren! Sobald sie ihren König sahen, lachten sie fröhlich, berichteten von erfolgreich getaner Arbeit, stellten ihm Fragen, die er gerne beantwortete, und beantworteten seine Fragen. Sie zeigten ihm sogar ihre Kinder, was ja nun, wie jeder weiß, bei einer königlichen Audienz gar nichts zu suchen hat.

Niemand schaute sich vorsichtig um, ehe er vor den König trat, niemand hatte den Blick gesenkt oder rang ängstlich die Hände. Das war ja nicht zu fassen. Dieser Glückspilz! Obendrein hatte er natürlich auch eine kluge und schöne Königin an seiner Seite!

Was für ein Glück dieser König hatte! Wenn er es doch auch so gut haben könnte, dachte Edelbert.

Während er wartete, dass Friedemann seine weiteren Regierungsgeschäfte erledigte, ging Edelbert im Schlosspark spazieren. Er legte sich hinter einen wunderschönen, großen Rosenbusch und schlief ein.

Als er erwachte, sah er unter dem Rosenbusch kleine bunte Wesen, die er noch nie erblickt hatte. Während er erstaunt munter wurde, bemerkte er, dass diese ganz, ganz leise miteinander sprachen. »Hihihi«, sagte eins von ihnen, »habt ihr gehört,

dass da ein neuer König angekommen ist und von Friedemann lernen möchte? Wenn der wüsste! Es hat so lange gedauert, bis Friedemann ein kluger König wurde! Ob der neue König hier es lernen wird? Wer weiß?«

»Wisst ihr noch«, erzählten sie einander lachend, »wie König Friedemann bei seinen Audienzen immer ausgesehen hat und sich wunderte, dass seine Untertanen kein Vertrauen zu ihm hatten?«

»Oder wie er der Königin, wenn sie ihm von ihren Sorgen erzählte, sagte, sie solle sich das nicht so zu Herzen nehmen? Puh, das hat gedauert, bis er verstand, dass sich die Königin ganz anders fühlte als er und dass es ihr auch nicht half, wenn er sich stark fühlte.«

»Und wie sich der König erst geärgert hat über den Haushofmeister, der alles falsch verstand, was er ihm auftrug?«

»Wie schwierig war es, dem König zu zeigen, dass er mit seiner Art dem Haushofmeister Angst machte und dieser sich vor lauter Schreck nicht merken konnte, was der König sagte!«

»Hierzu haben wir dem König in einigen unserer Abendberatungen erläutert, dass ein Mensch innere Gelassenheit braucht, um sich Dinge merken zu können oder kluge Ideen zu haben.«

Die scheinen ja ganz schön frech zu sein!, dachte König Edelbert. *Was die sich erlauben, so ohne Respekt über diesen wunderbaren König zu sprechen! Als ob sie alles besser wüssten!* Was ja, wie jeder weiß, nicht sein kann, weil der König schließlich der Klügste in seinem Reich ist. *Ich werde Friedemann gleich davon berichten,* sagte er sich, *der scheint ja gar nicht zu wissen, was in seinem Reich alles los ist. Unverschämte kleine bunte Wesen! In einem Königreich!*

Wie staunte unser König, als er Friedemann beim abendlichen Mahl von seinem Erlebnis erzählte und dieser lachend feststellte, dass Edelbert ja schon seine kleinen Berater kennengelernt hätte. »Du darfst mit meiner Erlaubnis zu ihnen in die Lehre gehen«, sagte Friedemann. »Gib aber acht, sie sind

scheue Wesen. Wenn ihnen etwas nicht passt,
verschwinden sie für lange Zeit und lassen sich
nicht mehr blicken!«

Am nächsten Tag ging König Edelbert wieder
in den Garten. Er setzte sich still auf die
Bank neben dem Rosenbusch und wartete.
Und siehe da: Eins von den Wesen
näherte sich, eins, das ziemlich
freundlich aussah. Es stellte
sich vor ihn hin und
sprach: »Unser verehrter
König Friedemann hat
uns berichtet, dass du
gekommen seist, um von uns
zu lernen, wie man sein Reich
glücklich führen und mit den
Menschen gut auskommen
kann. Ist es das, was du lernen
möchtest? Kannst du dir
vorstellen, für die kommende
Zeit auf uns zu hören und
geduldig abzuwarten, bis wir
dir alles erklärt haben?«

»Jaja«, sagte Edelbert und bemühte sich, seine Ungeduld
nicht zu zeigen, weil er eigentlich eher gehofft hatte, König
Friedemann würde ihm seine Regierungsregeln erklären,
sodass er bald wieder nach Hause in sein Reich reiten
könnte. *Hmmm. Von diesen kleinen bunten Wesen sollte er
lernen? Winzlinge, die noch niemand je gesehen hatte? Ganz
schön komisch. Vielleicht hielt ihn Friedemann zum Narren?*

Ehe er sichs versah, war das kleine Wesen verschwunden,
und so sehr er auch im Schlossgarten herumlief und suchte,
an diesem Tag sah Edelbert keines mehr.

Abends beim Essen bat er Friedemann um Verständnis
dafür, dass er als gestandener König nun wirklich nicht auf
solch kleine bunte Wesen hören und mit ihnen seine Zeit
vertrödeln konnte. Er solle ihm doch bitte sagen, wie er
regierte, er wolle auch alles fein nachahmen.

Zu ärgerlich, dass Friedemann lächelte, als er das
hörte: »Lieber Edelbert, da kann ich dir leider nicht helfen!
Ohne die kleinen Wesen wird es mir nicht gelingen, dir
die wichtigsten Regeln des Umgangs mit den
Menschen in deinem Reich verständlich zu machen.
Es hat damals bei mir ziemlich lange gedauert,
bis ich auf sie hören konnte, weil auch ich ein
ungeduldiger König war. Stell dir vor, ich dachte

immer, es sei vertane Zeit, wenn sie kamen und mir etwas zeigen wollten. Dann verschwanden sie wieder, bis ich so verzweifelt war, dass ich sie wieder suchen ging.«

Edelbert machte große Augen.

»Ich kann dir gerne erzählen, wie ich gelernt habe, auf sie zu hören«, fuhr Friedemann fort. »Es ist schon lange Jahre her, da brach in meinem Reich eine schlimme Krankheit aus. Wie lästig war es für mich damals, dass meine Dienstboten ausfielen, weil sie krank waren, dass unsere Bauern nicht mehr arbeiteten und wir keine frische Milch und kein frisches Fleisch mehr geliefert bekamen. Ich versuchte zuerst, mit Drohungen zu erreichen, dass jemand unsere königlichen Bedürfnisse weiter erfüllte, und als alles nicht fruchtete, holte ich meine Truhen mit Gold aus dem Keller und versuchte, durch Geschenke zu erreichen, dass noch jemand für mich arbeitete.

Aber viel schneller, als ich gedacht hatte, waren die königlichen Truhen leer und kein Dienstbote weit und breit zu sehen, weil sie alle krank oder bei ihren kranken Familien waren. Als dann noch meine liebe Königin krank wurde, und mich oft ärgerlich von ihrem Krankenlager wegschickte, wenn ich ihr Mut zusprechen wollte, war ich ganz verzweifelt. Ganz hinten im Garten, in einer verwilderten Ecke hinter einem alten Rosenbusch, habe ich mich hingesetzt und vor lauter Kummer bitterlich geweint. Ich, der König!«

König Edelbert runzelte ein wenig die Stirn. Warum erzählte ihm Friedemann das alles? Nur weil er unbedingt erfahren wollte, wie Friedemann es geschafft hatte, so kluge Untertanen zu haben, hörte er weiter zu.

»Und weil ich so müde und verzweifelt war, blieb ich dort sitzen, obwohl es mir ganz schön unheimlich wurde. Da erschienen nämlich wie aus dem Nichts die kleinen bunten Wesen, die du schon kennst. Ich sah ihrem Tanz zu und merkte, wie ich ruhiger wurde, einfach so beim Zuschauen. Es war, als ob ich das, was sie mir mit ihrem Tanz und ihren Liedern zeigten, tief innen drin in meinem Körper verstehen konnte, als ob nicht meine Ohren, sondern mein ganzer Körper zuhörte. Und das fühlte sich einerseits unheimlich, andererseits richtig schön an.«

Edelbert dachte nach. Darauf hatte er gar nicht geachtet, weil er gleich verärgert war über die respektlosen Reden der Winzlinge.

»Sie sangen von Freude und Glück und davon, wie schön es ist, mit anderen verbunden zu sein. Dass dann jeder dem anderen hilft, weil er es gerne tut. Und dass man dies lernen könne, wenn man selbst mit dem Herzen zuhöre.«

Edelbert wurde ganz schön mulmig zumute. Worum ging es hier eigentlich? Das war überhaupt nicht das, was er erwartet hatte. Dieser großartige König Friedemann erzählte da sehr merkwürdige Dinge …

»Und was soll ich dir sagen? Plötzlich fühlte ich die kleinen Wesen in mir drin! Eins fühlte sich ganz schön warm an, als ob ein Licht tief drinnen in meinem Körper leuchtet. Dann kam ein anderes, das sich

so anfühlte, als ob mein ganzer Körper auf der Stelle zu Stein wurde, hart und fest, und sich nicht mehr bewegen konnte. Das tat ganz schön weh und hat mir ziemlich Angst gemacht. Ich bin weggelaufen, weil ich das nicht aushalten konnte.«

Das klang so überhaupt nicht nach diesem König, der so erfolgreich sein Reich führte. Edelbert fühlte eine große innere Unruhe, die er sich nicht erklären konnte. Aber er hörte dennoch gespannt Friedemanns Erzählung weiter zu.

»Als ich mich das nächste Mal wieder hinten in den Garten getraut habe, kam wieder eins, das wehtat! Da habe ich ganz schnell das Weite gesucht und mich von meiner Frau trösten lassen. Du wirst es nicht glauben, aber sie sagte, dass genau diese Plagegeister, die uns Angst machen und uns so schrecklich fühlen lassen, der Schlüssel zu Liebe und Verbundenheit sind und dass es gar nicht so schlimm ist, sie auszuhalten. Weil dieses schmerzhafte Fühlen, wenn wir uns trauen, hinzuschauen und es im Körper zu spüren, nur eine Weile anhält und dann auch wieder verschwindet. Sie hat mir beigebracht, dass ich in dem Moment, wenn ich dieses Wesen erblicke, dreimal ganz tief atmen soll, in meinen Körper hineinfühlen, mir dafür Zeit nehmen und mir innerlich sagen: *So fühlt es sich*

an, wenn ich Angst habe! Das habe ich beherzigt
und so konnte ich beim nächsten Mal schon ein
bisschen länger bleiben. Jedes Mal ein bisschen
mehr. Mit der Zeit habe ich den Wesen sogar
Namen gegeben und auch die begrüßt, die
mir Schmerzen bereiteten.«

Langsam dämmerte es Edelbert, dass
er ganz schön auf dem Holzweg
gewesen war mit seiner Sicht, dass
die Untertanen lernen müssten,
klug zu sein. Friedemann
erzählte da eine Geschichte
von sich selbst – dem König!

*Lernen, Schmerzen aushalten –
Gefühle?! Oje, oje …*

Und schon erzählte Friedemann
weiter. Edelbert konnte nicht
anders, als die Geschichte zu
Ende anzuhören.

»Und rate mal, was ich jetzt
mache, wenn ich dieses Wesen
spüre, das mir damals so
wehtat? Das passiert nämlich
leider immer mal, zum Beispiel,

wenn ich verstehe, dass ich etwas falsch gemacht oder einem anderen Menschen wehgetan habe. Das gehört zum Menschsein und passiert uns allen immer wieder! Und das ist sooo unangenehm! Das hätte ich lieber nicht kennenlernen wollen! Ich habe aber inzwischen gelernt, mir innerlich zu sagen: *Oh, da bist du wieder, willkommen!* Denn so fühlt es sich nun mal an, wenn ich jemandem wehgetan habe und mir das selbst wehtut! Ich habe verstanden, dass ich manchmal Fehler mache – und dass das normal ist! Und wenn ich das akzeptiere, ist das unangenehme Gefühl eigentlich bald wieder weg.«

Fehler machen? Der König? Edelbert verstand die Welt nicht mehr.

Friedemann tat so, als bemerke er das alles nicht und fuhr fort: »Manchmal kommt dieses Wesen auch vorbei, wenn ich schimpfe und poltere: *Verdammt und zugenäht, ich hab's satt! Immer wieder muss ich weiter lernen und weiter und weiter, und bin immer noch nicht fertig!*« *Ja, schimpfen – das klingt gut! Das mache ich gar zu gerne*, dachte Edelbert.

»Das passiert mir auch heute noch manchmal«, fuhr Friedemann fort. »Was ich dann tue, willst du sicher wissen. Nun, ich sage mir: *Aha, so fühlt es sich an, wenn ich wütend bin!* Und weil ich dann weiß,

dass jetzt mein altes Ich jammert, weil es lieber so bleiben würde wie vorher, bin ich freundlich zu ihm und sage *Jaja, ist ja gut, du machst es schon viel besser als früher!* Und jedes Mal, wenn es mir auf diese Weise gelingt, es in meinem Körper zu fühlen, geht dieses Wesen schneller wieder weg. Das macht es mir leichter, es willkommen zu heißen, wenn es sich noch mal blicken lässt.«

Willkommen heißen? Niemals! Diese merkwürdigen Wesen, die keiner je gesehen hat … Wer würde mich denn dann noch ernst nehmen?, dachte sich Edelbert. *Aber Friedemann ist doch so ein erfolgreicher und glücklicher König … Da passt etwas gar nicht zusammen!* Und weil er diesem Unsinn auf die Schliche kommen wollte, hörte Edelbert weiter zu.

»Weil ich weiß: Wenn ich diesen Schmerz nicht aushalte,
kann ich auch nicht merken, wenn ich richtig glücklich bin.
Ich merke dann auch nicht, wie sich jemand anders fühlt.
Und dann mag mich keiner … Es war mit der Zeit gar nicht
mehr so schlimm, das kannst du mir glauben, Edelbert!
Vor allem, weil mir die kleinen Wesen immer wieder die
wunderschönsten Lieder sangen, die mich tief drinnen
berührten. Mit der Zeit löste sich das steinerne Gefühl
langsam auf, vor dem ich so viel Angst gehabt hatte.

Und wie habe ich gestaunt, als ich plötzlich, einfach so,
in meinem Regierungsalltag die kleinen Wesen in mir
wiederfand! Als meine liebe Königin gesund war,
merkte ich, wie sich in meinem ganzen Körper ein
warmes, helles Gefühl ausbreitete, das ich vorher
nie empfunden hatte. Es war sooo schön! Also
fing ich an, im Gespräch mit anderen Menschen
darauf zu achten, wann eher angenehme oder eher
unangenehme Wesen in mir zu spüren waren. Und denk dir
nur: Manchmal konnte ich sogar die Gefühle von
anderen Menschen spüren!«

Na, das will ich bestimmt nicht, dachte sich
Edelbert. *Ein König sollte nur königliche Gefühle haben!*
Aber die nächsten Worte von Friedemann zogen

Edelbert in ihren Bann: Jetzt ging es endlich,
endlich um die Untertanen!

»Als die ersten königlichen Angestellten
wieder gesundeten und zur Arbeit
zurückkamen, hat es mich ziemlich
erschreckt, plötzlich zu spüren, dass
sie und die anderen Untertanen
Angst vor mir hatten. Das
war furchtbar! Und gar nicht
passend! Weil ich doch immer
so ein freundlicher König war!«

*Na dann wäre ich ja ein unfreundlicher
König. Stimmt doch gar nicht!*,
grummelte Edelbert in sich hinein.
»So schwer war das für mich! Wie
hat es mich dann erstaunt, dass
meine liebe Königin mir plötzlich
so gut dabei half, es mit diesen
Wesen auszuhalten, und mit
mir darüber sprach, wie es
passierte, dass sie auftauchten.
So hatte ich nun die beste
Hilfe dabei, den Umgang mit
den kleinen Beratern bei mir

und bei anderen zu verstehen und zu lernen, damit umzugehen. Mit der Zeit wurden dann – ganz von allein! – die königlichen Angestellten freundlicher. Zu meiner Überraschung arbeiteten sie nun auch viel mehr und bald ging es dem Königreich wieder besser. Das hätte ich mir vorher im Traum nicht vorstellen können.«

Aha, jetzt kommt er endlich zum Wesentlichen. Bessere königliche Angestellte – genau das möchte ich auch! Aber dieses ganze Drumherum … Und wie Friedemann redet, das ist doch gar zu arg …

»Wie gut, dass ich die bunten Wesen kennengelernt habe,« fuhr Friedemann fort. »Nicht auszudenken, was sonst passiert wäre! Ich merke inzwischen, wenn eines dieser Wesen vorbeikommt, und dann ist es ganz schön für mich. Ja, ich bin sogar stolz darauf, jetzt zu lernen, eine bessere Version von mir selbst zu werden. Und das fühlt sich sooo gut an! Nun, mein lieber König Edelbert, was meinst du dazu? Willst du bei ihnen in die Lehre gehen? Traust du dir zu, stark zu sein und auch die beängstigenden Wesen kennenzulernen?

Das ist nämlich nötig, damit du immer mehr
von den wunderbaren, liebevollen Wesen
kennenlernst.«

Das werde ich auf keinen Fall tun!, dachte sich
Edelbert. *Da muss es einen anderen Weg
geben!* Er guckte unsicher weg.

Friedemann verstand aus eigener
Erfahrung Edelberts Bedenken und sagte
begütigend: »Überleg' es dir! Du darfst
mich ein paar Monate bei meinen
Regierungsgeschäften begleiten und
an meiner abendlichen Beraterrunde
teilnehmen. Ich lasse mich nämlich
jeden Abend von ihnen beraten!
So nehme ich mir die Zeit, meinen
Regierungsalltag zu überdenken
und zu überlegen, was für
den nächsten Tag wichtig ist,
und kann danach wunderbar
schlafen. Wenn du tagsüber
dicht bei mir stehst, kann ich
dir immer berichten, welches
Wesen gerade in mir spürbar
ist. So kannst du mit der Zeit den

Mut fassen, mir zu glauben, dass es gar nicht so schlimm ist, wie es zunächst klingt.«

König Edelbert raufte sich innerlich die Haare nach diesem langen und so merkwürdigen Bericht. *Das sollte helfen? Wer wusste schon, ob seine Untertanen genau so reagieren würden, wie die von Friedemann. Oje, oje …*

Sehr nachdenklich ging Edelbert an diesem Abend ins Bett. Und obwohl er dabei Magenschmerzen hatte, begab er sich doch am nächsten Tag zur königlichen Audienz von König Friedemann und schaute ganz genau zu. Und das sah eigentlich genau so aus, wie er es sich gewünscht hatte!

Von da an ging König Edelbert ein Jahr lang immer wieder für ein paar Tage zu König Friedemann, nahm an den abendlichen Beratungen teil und verbrachte Zeit im Schlossgarten mit den bunten Wesen.

Friedemann musste ihn immer mal ermutigen, auch in seinem eigenen Königreich auf die kleinen Wesen zu achten, was Edelbert zu Anfang doch noch schwerfiel. Aber es half sehr, Friedemann mit seinen Untertanen und im Umgang mit seiner Königin zu erleben. Vor allem lernte Edelbert mit der Zeit, mit sich selbst freundlicher zu sein, hatte er doch als

guter und kluger König von sich erwartet, dass er alles sofort umsetzte, was er gelernt hatte – und irgendwie ging das einfach nicht!

Da war Friedemann eine große Hilfe, der ihn immer wieder für seine Fortschritte lobte und ihm Mut machte. Zum Glück sagte er solche Dinge nur bei ihrem abendlichen Spaziergang im Garten des Königreichs, wenn niemand sie hören konnte, sonst wäre das doch gar zu arg gewesen.

Wie staunte Edelbert, als eines Tages bei der abendlichen Beraterrunde einige der kleinen bunten Wesen vor ihn traten und sagten, sie würden ihn nun in sein eigenes Reich begleiten, um ihm dort zu helfen, dass er in den gleichen guten Kontakt mit seinen Dienstboten und seiner Frau käme wie König Friedemann. Was für eine Freude! Da waren sie alle, die er inzwischen gut kannte: die

angenehmen und die schmerzlichen – genau die, die ihn weiter unterstützen konnten! Mit ihnen ging er am nächsten Tag nach Hause in sein Königreich und freute sich auf die abendlichen Beraterrunden.

Ab und zu besuchte ihn König Friedemann, der
inzwischen ein guter Freund geworden war.
Mit der Zeit veränderten sich die Dinge in
seinem Königreich. Einige Untertanen
näherten sich schon vertrauensvoll
mit ihren Anliegen, einige Dienstboten wurden freundlicher,
und mit seiner Königin hatte er
neuartige und überraschende
Gespräche. Immer mehr gelang es ihm,
abends auf seine kleinen Berater zu
hören und seinen Frieden damit zu
machen, wenn noch nicht alles so
war, wie er es sich wünschte.
Wenn es manchmal passierte,
dass etwas einfach zu wehtat,
dann konnte es sein, dass er sich
die Zeiten zurückwünschte, als
er diese Schmerzen gar nicht
kannte und in der ruhigen
Gewissheit gelebt hatte, dass
mit ihm alles in Ordnung
sei und nur die anderen sich
falsch oder schlecht aufführten.

Zum Beispiel wenn seine Königin oder die inzwischen heranwachsenden Königskinder etwas zu ihm sagten, das ihn sehr verletzte.

Hätte er doch nur nicht damit angefangen, auf die kleinen Berater zu hören! Dann ritt er schnell wieder zu Friedemann und erholte sich für eine Weile in dessen königlichen Garten. Sie führten lange Gespräche, um herauszufinden, warum ihm das so zu schaffen machte, was er gehört hatte. Edelbert durfte zeigen, wie ärgerlich er über das Geschehene war, und Friedemann ließ ihm die Zeit, die er dafür brauchte. Nach einer Weile konnte er dann auch spüren, dass unter dem Ärger eine große Traurigkeit war. Oje, oje, das hätte er ohne Friedemann an seiner Seite nicht aushalten können. Es tat so gut, von ihm zu hören, dass er jedes Mal, wenn er diese schrecklichen Gefühle durchlebte, einen großen Schritt vorankam auf seinem Weg zu einem beliebten und glücklichen König! Mit der Zeit konnte er selbst merken, dass die schwierigen Gefühle nicht mehr so lange anhielten wie zu Beginn. Und ehe er sichs versah, tauchte beim Anschauen einer der schönen Rosen wieder dieser kleine Kerl in

ihm auf. Ach, was für wundersame Empfindungen der auslösen konnte! Das hatte er gar zu gern! Wenn dann noch abends ein berittener Bote aus seinem Reich kam mit einem Brief seiner Königin, die ihm ihre Liebe versicherte und ihn bat, doch bald wieder zurück zu ihr zu kommen, dann merkte er, was für ein Schatz es gewesen war, sich all diesen Strapazen auszusetzen. So etwas hatte sie ihm vorher nämlich noch nie gesagt oder geschrieben.

Bei ihrem abendlichen Spaziergang vor seiner Abreise erinnerten sich die beiden Könige dann schmunzelnd an Edelberts ersten Besuch bei Friedemann und stimmten überein, was das für eine gute Idee gewesen war!

 # Nachwort

Möchten Sie auch so eine kleine Beraterrunde haben? Dann sehen Sie sich doch mal den *Gefühlsmonster Scan*[6] für die abendliche Reflexion an. Eine Übung, bei der Sie in strukturierter Form Ihren Tag reflektieren und abschließen können – die genaue Anleitung dazu finden Sie ebenfalls dort.

Weitere *königliche* Übungen mit den kleinen bunten Wesen finden sich in meinem Buch *Führen mit Gefühl*[7].

Wer noch besser verstehen möchte, wie das mit den kleinen bunten Wesen genau funktioniert, erfährt das in meinem Buch *Manchmal sind Gefühle Monster*[8]. Oder besucht unsere *Gefühlsmonster*-Akademie und lernt zusammen mit anderen *Königinnen* und *Königen*[9].

....

6 Gefühlsmonster Online-Toolbox: scan.gefuehlsmonster.de

7 Erhältlich im Buchhandel (ISBN 978-3-347-16245-7) und im Gefühlsmonster Shop: *gefuehlsmonster-shop.de*

8 Erhältlich im Buchhandel (ISBN 978-3-347-29327-4) und im Gefühlsmonster Shop: *gefuehlsmonster-shop.de*

9 *gefuehlsmonster.de/seminare*

Nachwort

Mehr dazu hier:

   *gefuehlsmonster.de/seminare*

Und wenn Sie die kleinen Berater zu Hause haben möchten, finden Sie sie hier:

   *gefuehlsmonster-shop.de*

Ich freue mich, wenn Sie mir von Ihren königlichen Erfahrungen berichten. Und wenn gerade kein König Friedemann zur Hand ist, sind Sie herzlich willkommen zu einem Gespräch mit mir! Sie erreichen mich per E-Mail unter:

lhc@gefuehlsmonster.de

 # Dank

Es ist schon ein paar Jahre her, da habe ich als erster Zeugin meiner lieben Kollegin Antje Vorndran den Beginn meines Märchens vorgelesen und konnte erleben, wie sie meine Begeisterung teilte – und unbedingt die Fortsetzung, ja Auflösung dieser Geschichte hören wollte, die leider für mich selbst noch lange nicht stimmig war. Deshalb musste ich sie vertrösten, so wie mich selbst, wenn ich immer wieder an der Fortsetzung schrieb und sie dann wieder zur Seite legte. Antje war dann in diesem Jahr auch die erste, die die endlich fertig geschriebene Geschichte las und mich bestärkte, sie nun herauszugeben.

Mein Dank geht weiter an meine lieben Kolleginnen und Kollegen Probeleser*innen: Monika Knauer-Walter, Armin Rau, Liana Heinrich, Ragna Kirberg-Siemer, Thomas Fehr, Andre Motzkus. Von Dr. Katrin Prüfig, meiner geschätzten Medientrainerin, kam dann noch die Bestärkung, das Märchen tatsächlich als kleines Büchlein herauszugeben. Von ihr stammt ebenfalls der entscheidende Hinweis, was in der ersten Version der Geschichte fehlte, wie sich nämlich Edelbert mit der merkwürdigen Erzählung von Friedemann fühlte. Seine Gefühle, sein »Haare-Raufen« und seine Stoßseufzer zeigen, wie er Stück für Stück hineinwächst in diese neue Sicht der Dinge, die er nur hören kann weil er sich eine Verbesserung seiner Situation wünscht: dass

Dank

es hier nicht um die »dummen Untertanen« sondern um den »lernenden König« geht! Katrins Beitrag hat noch den letzten Knoten gelöst, den ich bei der Geschichte hatte.

Danke an meinen Lektor Erik Kinting, der sofort zustimmte, dieses Märchen als kleines Buch herauszugeben – und in der gewohnten Qualität und Schnelligkeit meinen Text redigiert zurücksandte. Inzwischen gehört es schon fast zum Ritual unserer Zusammenarbeit, dass ich mit all den respektvollen kleinen Textverbesserungen glücklich bin und wir uns an einer Stelle auf meine Version einigen ...

Herzlichen Dank ebenfalls an die Grafikdesignerin Sabine Abels, die großartige Ideen eingebracht hat, wie wir dem Märchen eine würdige Aufmachung zukommen lassen – und mit der gewohnten Geduld alle nachträglichen Änderungen und Verbesserungen eingebaut hat.

Und last but not least: danke an meinen Sohn Christian, meinen besten Korrekturleser, dem jede Unstimmigkeit in der Verständlichkeit und jede Kleinigkeit in Text und Design auffallen, die verbesserungswürdig sind. Ihm verdanke ich nicht nur die *Gefühlsmonster*, sondern auch die herrliche Darstellung der beiden Könige, die jede Seite des Märchens ziert.

Abschließend noch etwas zu mir

Was ich fühlen kann macht mich lebendig,
lässt mich teil haben an dem, was um mich herum passiert
und ist mir Richtschnur für meinen Weg.

Mein Sohn Christian Corona hat mir mir den *Gefühlsmonster*®-Karten ein unschätzbares Geschenk gemacht (Video zur Geschichte der *Gefühlsmonster* hier: youtube.com/gefuehlsmonster). Diese Karten haben meinen Forscherdrang erst richtig entfaltet, und nach 18 Jahren Nutzung der Karten in der aktuellen Form kann ich mit Fug und Recht sagen, dass sie ein außergewöhnlich hilfreiches Instrument sind, um Gespräche über Gefühle mit Leichtigkeit in Gang zu bringen. Auch, um sich selbst besser zu verstehen und in schwierigen Situationen schneller wieder in einen handlungsfähigen Zustand zu kommen.

Je länger ich mit den *Gefühlsmonster*®-Karten arbeite, desto mehr schätze ich die Leichtigkeit und den Humor, den sie in Gespräche bringen auch und gerade bei schwierigen Gefühlen. Und das gegenseitige Verständnis, das durch die Bilder gefestigt wird. Im Lauf meiner Berufstätigkeit zuerst als Mediatorin, dann als Ausbilderin für Mediation und dann als Beraterin von

Einzelpersonen und Organisationen haben die *Gefühlsmonster* einen immer größeren Stellenwert für mich bekommen. Mich angeregt, den Umgang mit Gefühlen intensiv zu erforschen, bei meinen Klient*innen und bei mir.

Wir können heute einen selbstbestimmten Umgang mit allen Gefühlen leben. Können lernen, welche Gefühle mit uns selbst, welche mit unseren früheren Erfahrungen und welche mit dem aktuellen Moment zu tun haben. Das gibt uns die Freiheit, uns von schwierigen Gefühle nicht einschränken oder davon abhalten zu lassen, zu tun was wir für richtig und wichtig halten.

Ein bewusster und reflektierter Umgang mit Gefühlen führt dazu, alle Gefühle willkommen zu heißen. Es braucht dazu einige Übung und den Willen, dies zu lernen. Das funktioniert besser mit ermutigender Begleitung.

Ich hoffe, dass Ihnen das Märchen von Edelbert einige dieser Aspekte näher bringen konnte!

Mit herzlichen Grüßen

Lilli Höch-Corona
Berlin, im Mai 2023
lillihoechcorona.de

FSC
www.fsc.org
MIX
Papier | Fördert
gute Waldnutzung
FSC® C083411

Zeitfracht Medien GmbH
Ferdinand-Jühlke-Straße 7
99095 Erfurt, Deutschland
produktsicherheit@kolibri360.de